# LES

# MOBILISÉS D'ILLE-ET-VILAINE

## LA VÉRITÉ

SUR

## L'AFFAIRE DE LA TUILERIE A LA BATAILLE DU MANS EN 1871

RECTIFICATION A DIVERS DOCUMENTS

**NOTAMMENT A L'OUVRAGE DU GÉNÉRAL CHANZY :**

*LA DEUXIÈME ARMÉE DE LA LOIRE*

**Par F. GUILBAUD**

Ancien Mobilisé
Ex-commandant du 1er bataillon de la 4e légion d'Ille-et-Vilaine
Redon-Monfort.

Prix : 75 centimes.

ANGERS
IMPRIMERIE LACHÈSE ET DOLBEAU
13, Chaussée Saint-Pierre, 13.

1881

# LES MOBILISÉS D'ILLE-ET-VILAINE

ANGERS, IMPRIMERIE LACHÈSE ET DOLBEAU

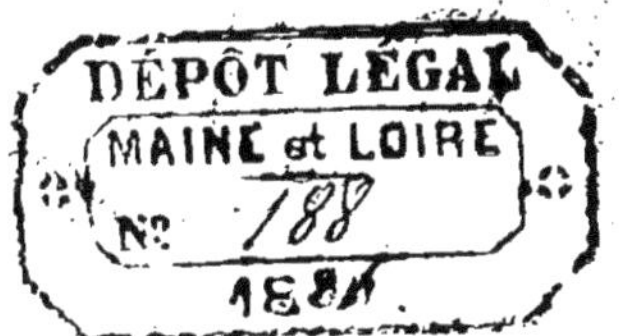


LES

# MOBILISÉS D'ILLE-ET-VILAINE

## LA VÉRITÉ

SUR

## L'AFFAIRE DE LA TUILERIE A LA BATAILLE DU MANS EN 1871

RECTIFICATION A DIVERS DOCUMENTS

**NOTAMMENT A L'OUVRAGE DU GÉNÉRAL CHANZY :**

*LA DEUXIÈME ARMÉE DE LA LOIRE*

**Par F. GUILBAUD**

Ancien Mobilisé
Ex commandant du 1er bataillon de la 4e légion d'Ille-et-Vilaine
Redon-Monfort.

---

Prix : 75 centimes.

ANGERS
IMPRIMERIE LACHÈSE ET DOLBEAU
13, Chaussée Saint-Pierre, 13.

1881

Habitant d'Angers depuis trois ans, le 24 avril 1881, je suis allé par hasard à la bibliothèque de la Ville, et là j'ai vu un assez gros volume intitulé : *Rapport fait au nom de la Commission d'enquête sur les actes du Gouvernement de la défense nationale, par M. A. de la Borderie, membre de l'Assemblée nationale,* tome V, 1873.

Cet ouvrage avait un puissant intérêt pour moi, je l'ai donc lu attentivement et ce n'est pas sans éprouver un serrement de cœur, une profonde tristesse que j'y ai trouvé les dépositions de nos chefs du camp de Conlie, MM. de Marivault, de Vauguion, même de M. de Lalande, disant que nous ne pouvions pas tenir devant l'ennemi, que notre expérience, ainsi que notre instruction militaire, étaient nulles, que nous ne pouvions faire qu'un rideau, etc. Il suffisait pourtant à ces Messieurs, de questionner, de se rendre compte ; ils auraient bientôt acquis la conviction que la prise de la Tuilerie avait été une surprise et complètement en dehors de la responsabilité des Mobilisés d'Ille-et-Vilaine.

De la lecture attentive de ce rapport officiel ainsi

que des pièces qui font suite, il résulte que la vérité tout entière n'ayant pas été sue, n'a pu être écrite, je viens donc la dire; elle sera la défense naturelle des gardes nationaux mobilisés d'Ille-et-Vilaine, qui, l'après-midi du 11 janvier 1871, se sont trouvés engagés entre Arnage et la Tuilerie en avant du Mans; de ces enfants de la Bretagne, réputés pour leur bravoure et leur constance dans le devoir, de ces outragés, qui certes, à un haut degré possédaient la première vertu du citoyen, le patriotisme.

F. GUILBAUD.

# I

Nous savons tous comment, en octobre 1870, il fut procédé à la formation des Mobilisés. L'on prit dans les gardes nationales sédentaires, les célibataires jusqu'à l'âge de quarante ans ; la commune, le plus ordinairement, forma la compagnie, huit compagnies le bataillon, trois bataillons la légion et les légions d'un même département une brigade ou une division aux ordres d'un général.

Les compagnies formaient leurs cadres à l'élection, ensuite les délégués des compagnies et les officiers nommaient le chef de bataillon ; les chefs de légions ainsi que le général étaient nommés par le Gouvernement. Les compagnies se formèrent et commencèrent à s'instruire dans les communes ; la concentration par bataillon se faisait ordinairement et successivement au chef-lieu d'arrondissement, et après organisation complète, les mobilisés des cinq départements de la Bretagne, furent dirigés sur le camp de Conlie.

Les six bataillons qui nous occupent et qui prirent position à environ quatre kilomètres en avant du Mans, entre la route de Mulsanne et la Sarthe inférieure, le 11 janvier 1871, avaient pour commandants supérieurs, M. de Lalande, officier de l'armée, nommé général au titre auxiliaire, et M. Ardin d'Elteil, officier de l'armée aussi, nommé lieutenant-colonel de la 4e légion d'Ille-et-Vilaine au titre auxiliaire également. Les six bataillons étaient les 1er, 2e et 3e de la légion de Redon-Monfort, arrivés au camp les 23 novembre, 1er et 3 décembre, les 2e et 3e de Rennes, arrivés au camp les 19 et 27 novembre et le 1er de Saint-Malo, arrivé au camp le 28 novembre 1870.

La quinzaine, que chaque bataillon étant formé, passait avant de partir pour le camp, était bien employée; commandants et commandés y mettaient toute la meilleure volonté possible; aucun dévouement ne manquait; de vieux capitaines en retraite, de soixante-dix ans, oubliant leur âge, ne croyaient pas déroger en faisant le métier de caporal, en prenant quinze, vingt hommes et en leur inculquant les principes de l'école du soldat; aussi avions-nous pu, dans plusieurs bataillons, après l'école de soldat et celle de peloton, passer quelques leçons de l'école de bataillon et surtout celle de tirailleurs. Nous étions relativement instruits; l'on pouvait nous confier de bonnes armes; la bonne volonté ne nous manquait pas. Nous ne partions peut-être pas tous avec enthousiasme, les fruits de la guerre sont amers, mais tous sans crainte et avec un sentiment plus solide, celui de faire son devoir.

Les premiers bataillons de chaque légion furent formés les premiers et par conséquent arrivèrent au camp les premiers. Lorsque le 1er bataillon de Redon, duquel je faisais partie, y arriva le 23 novembre 1870, à la descente du train, vers deux heures de l'après-midi, ne voyant personne qui pût nous renseigner, je priai un officier d'aller au quartier général prendre des ordres relativement à l'emplacement que nous devions occuper. Après deux heures d'attente, près la voie du chemin de fer, perdues non par la faute de l'officier, nous nous mîmes en marche pour aller sur les lieux désignés pour notre campement, où nous arrivâmes plus d'une heure après.

C'étaient en partic des sillons dont la récolte avait été enlevée à la saison. Nous commençâmes immédiatement à dresser nos petites tentes-abris de campagne ; il avait tombé de l'eau la nuit précédente et dans la journée ; la terre était détrempée, le jour baissait, nous pensions que nous devions avoir droit à quelque chose, à de la paille par exemple, s'il y en avait ; mais nous étions loin du quartier général et de tout ce qui pouvait ressembler au logement d'un bureau quelconque ; nous causions du fameux coup de brosse dont nos uniformes auraient besoin le lendemain matin de notre première nuit et nous pensions à autre chose, quand nous vîmes arriver vers nous et avec empressement un officier ayant une belle figure souriante, nous tendant les mains et nous disant : « Je vois le principal de ce qui vous manque, j'ai été pris comme ça, commandez vite une corvée de cent hommes, je vais vous montrer comment formuler votre bon de paille et allons-y au galop, c'est loin. »

Cet excellent homme était M. Regnault, commandant d'un bataillon d'Ille-et-Vilaine, le 2e de Rennes, je crois, arrivé quelques jours avant nous et campé assez loin, quoique pourtant le plus près de nous. Ah ! Monsieur Regnault, vous nous avez rendu un fameux service, nous nous en sommes souvenus, quand nos camarades des autres bataillons sont arrivés au camp ; depuis, je n'ai pas eu le bonheur de vous rencontrer. Veuillez donc agréer, de la part de vos obligés, l'expression de leur gratitude.

Mon but n'est pas, dans cette brochure, de rentrer dans les détails de notre vie au camp : le titre en indique un autre. Nous avions une vieille dette de reconnaissance à payer, un acompte est donné.

Prenons note, toutefois en passant, que dès l'arrivée au camp, le principe de l'élection aux grades fut supprimé et que dans le premier bataillon de Redon, quelques jours après son arrivée, sur un ordre venu du quartier général, de diminuer les effectifs des compagnies ayant plus de deux cents hommes, il en fut formé d'autres dont les officiers furent nommés par le général commandant le camp, sur la proposition du chef de bataillon, le colonel n'étant pas encore arrivé.

Quelque temps après, en décembre, de la 4e légion Redon-Monfort, qui se trouvait complète au camp, il fut formé un quatrième bataillon, dont le commandement, sur la proposition de M. Ardin d'Elteil, chef de la légion, fut donné à l'énergique capitaine de la 1re compagnie du 1er bataillon de la légion, M. Mabon, fils aîné.

Aussitôt formé, ce bataillon partit pour la défense des lignes de Carentan, en avant de Cherbourg. Plus tard, le 15 janvier, après la défaite du Mans, le 1er bataillon de la même légion reçut l'ordre d'aller le rejoindre, et ces deux bataillons d'Ille-et-Vilaine ont fait preuve de discipline, d'esprit d'ordre, d'énergie et de dévouement, comme l'attestent les témoignages élogieux écrits par les chefs supérieurs, les généraux Ducrest de Villeneuve et de Pointe de Gévigny.

La fin de novembre et une partie du mois de décembre furent très pluvieux ; aussi n'avons-nous pu faire, que rarement, l'exercice ; toutefois, aussitôt que c'était possible, nous le faisions, ainsi que des marches militaires, flanquées de tirailleurs; autrement le temps se passait à pourvoir à nos propres besoins, à fournir des troupes pour les services militaires du camp et à fournir aussi de grandes corvées pour les routes et les travaux de la redoute de Tennie.

Je viens de dire que le mois de décembre avait été très pluvieux; un matin, après une nuit plus épouvantable que les autres, notre campement à moitié dans l'eau, le reste dans une vase liquide de vingt centimètres de hauteur, en l'absence du colonel qui était en permission de quelques jours, nous allâmes, notre aumônier, M. Bellamy, deux autres chefs de bataillon, MM. Lemaistre et Prevert, et moi, au quartier général et demandâmes à parler au général en chef, M. de Marivault. Nous lui exposâmes notre situation et comme conclusion, pour être utiles à quelque chose, nous lui demandâmes à ce qu'il nous envoyât devant l'ennemi. Il nous répondit : « Où est-il? — Vous le savez mieux que nous, fut notre réponse : en avant du Mans. » Il nous répondit alors : « Où ça se trouve-t-il ça? » Mais comprenant toute l'ironie de ces mauvaises paroles, qui certes n'avaient pas de raison, il reprit vivement : « Messieurs, je vous autorise à placer vos bataillons dans la partie du camp la moins mauvaise, la plus convenable. » C'est la seule plainte, pour quoi que ce soit, que nous ayons portée; nous aurions dû la présenter à notre général, M. de Lalande, mais nous ne l'avions jamais vu dans notre campement et nous savions vaguement que peut-être habitait-il la ville de Conlie.

Pendant notre séjour au camp de Conlie, nous avons été plus de la moitié du temps sans être armés ; le bataillon de Saint-Malo ne l'a jamais été. Quand nous l'avons été, c'était avec des armes étrangères, des carabines Spencer, aux canons courts, sans bayonnettes, plutôt armes de cavalerie que d'infanterie ; elles auraient pu nous décourager, on nous les retira. Ce n'est que l'après-midi de la veille de notre départ pour le Mans, le 7 janvier 1871, que nous reçûmes de nouvelles armes. Nous reçûmes dans chaque bataillon, des caisses toutes clouées et vissées ; elles provenaient de la cargaison du navire l'*Érié,* arrivé à Brest à la fin de décembre 1870, c'est-à-dire quelques jours avant. A l'ouverture des caisses nous éprouvâmes une grande déception ; c'étaient des fusils à piston et de plusieurs calibres, à baguette ; ils avaient leurs bayonnettes. Sans avoir ni les moyens, ni le temps de faire visiter ces fusils, la distribution se fit.

Le lendemain dimanche, 8 janvier, nous étions en route pour le Mans. Sur les bords de cette route et surtout en approchant du Mans, vers la Milesse, nous rencontrâmes des bataillons de mobiles campés ;

des officiers nous dirent qu'ils avaient donné quelques jours avant et qu'ils étaient là en attendant des ordres. Au Mans, nous logeâmes et couchâmes dans les églises; l'ordre était que nous devions partir le lendemain dans la journée pour prendre position en avant, à environ deux kilomètres de Pontlieue, au Tertre Rouge et à la Tuilerie. L'ordre était également que nous devions prendre nos cartouches avant de partir du Mans. A cet effet, un officier, muni d'un bon, fut envoyé avec instruction de s'adresser à qui de droit et de s'en faire délivrer; après plus de deux heures de recherches, cet officier revint nous informer qu'il n'avait pu avoir de cartouches; qu'on lui avait dit de s'adresser à un bureau d'artillerie qui se trouvait dans une grande caserne située sur la gauche de la ligne du chemin de fer, après avoir dépassé la gare du Mans en se dirigeant sur Paris, et que s'y étant rendu en toute hâte, il avait trouvé les bureaux fermés. Immédiatement je me mis en route pour ce bureau et effectivement je le trouvai fermé encore. Après avoir attendu plus d'une heure, je remis mon bon à un planton qui était à la porte et revins désappointé; il était une heure de l'après-midi et temps de partir.

Les bataillons au complet allèrent prendre les positions assignées. En nous y rendant, nous rencontrâmes près de la préfecture, notre chef du camp de Conlie, M. de Marivault, accompagné d'officiers d'état-major qui nous souhaitèrent bon courage.

Deux heures après, nous occupions les emplacements désignés ; c'était pour le bataillon dont je faisais partie, au Tertre-Rouge, à gauche et près de la route de Ruaudin, en arrière du chemin aux Bœufs ; le chemin de Ruaudin est situé entre les routes du Grand-Lucé et de Château-du-Loir. Les autres bataillons étaient campés dans les environs. Dans chaque bataillon, il est établi deux compagnies de grand'gardes, les autres compagnies réunissent leurs tentes-abris et campent.

Le lendemain 9, nous recevions nos cartouches, à l'exception toutefois du bataillon de Saint-Malo, qui ne les reçut que le surlendemain 10. Nous avions déjà vu que nos fusils n'étaient pas sans défauts, mais en les chargeant nous fûmes édifiés complètement : aux uns la cheminée n'était pas percée, à d'autres (disposés pour l'avoir vissée sur le côté du canon) elle manquait ; à ceux-là les batteries fonctionnaient mal ou même pas du tout ; les chiens ne tenaient pas à l'arrêt ; les baguettes ne pouvaient se retirer de leur tenon et pour comble de malheur, des cartouches humides et dans certains bataillons de deux calibres. On a pu estimer à trente pour cent au moins les fusils inservables, à moins de réparations.

La nuit du 9 au 10, les six bataillons couchèrent sur les positions qui leur avaient été assignées en arrivant dans l'après-midi ; toute cette après-midi, nous avions vu passer sur les routes près desquelles nous étions, des cultivateurs fuyant avec leur famille et quelques-uns avec leur mobilier, vers le Mans. Nous avions vu aussi beaucoup de militaires isolés ou par petits groupes les suivant. Le lendemain 10, c'étaient des groupes plus importants, plus tard même des compagnies tout entières. Dans l'après-midi de cette journée du 10, le 1er bataillon de Redon reçut l'ordre de changer de campement et de s'approcher de 300 mètres de notre quartier général occupé par notre commandant supérieur, le général Lalande. Le bataillon de Saint-Malo, qui venait de recevoir ses cartouches, recevait l'ordre en même temps, d'aller s'établir au château des Hunaudières, à trois ou quatre kilomètres à droite et en avant.

La Tuilerie est ce qu'indique son nom; elle comprend, outre la tuilerie proprement dite, une maison d'habitation et des bâtiments de servitudes; elle est située à deux kilomètres et en avant de Pontlieue, sur la route de Tours par Écommoy et Château-du-Loir, et au sommet d'une colline, dominant dans la direction de Tours une grande plaine très boisée. A ses pieds, à cent mètres, la route est traversée par le chemin aux Bœufs, chemin en partie de circonvallation, allant de la Sarthe d'Arnage, aux bords de l'Huisne, à Ivré-l'Évêque, dix à douze kilomètres environ.

Le 1er bataillon de Redon, arrivé sur le lieu indiqué, se trouvait être dans un semis ou peut-être dans une jeune plantation de sapins se touchant les uns les autres et de hauteur d'homme à peine, avec cinquante centimètres de neige, par un temps brumeux, pénétrant et extraordinairement glacial; à la première minute le courage pouvait chanceler, mais le devoir par-dessus tout. Chacun se mit à casser les arbres et à faire des tas de neige comme il put et ceux qui purent faire entrer leurs piquets dans la terre sans les casser, montèrent leurs tentes ; la nuit se passa ainsi, pour plusieurs sans abri, pour tous sur la terre nue. Avant la nuit, notre aumônier, M. Bellamy, après quelques paroles chrétiennes et patriotiques, avait donné l'absolution, et ensuite prévenu qu'il se tiendrait à la Tuilerie, à la disposition de ceux qui pourraient et voudraient l'entretenir en particulier. Toute cette journée du 10 janvier, nous avions entendu sans discontinuer la canonnade et la fusillade sur notre gauche, vers Changé et au delà. Nous comprenions toute la gravité de la situation, nous sentions que de notre côté nous étions en première ligne. Le soir, la bataille terminée, plus rien, pas âme qui vive à traverser les routes que nous occupions, silence absolu. La grand'garde du 1er bataillon de Redon était composée des 5e et 6e compagnies aux ordres du capitaine Boëssel ; ce brave capitaine en se conformant, et même au delà, aux prescriptions du service devant l'ennemi, nous gardait à près de deux kilomètres en avant, par des postes échelonnés et reliés entre eux. Laissant la garde du corps principal de la grand'garde à son collègue de la 5e compagnie, le capitaine Legaux, le capitaine Boëssel, malgré un froid sibérien et quoique malade, passa la nuit complète en surveillance d'un poste à un autre.

Le lendemain matin, je vis notre colonel, M. Ardin d'Elteil ; je lui fis part des bonnes dispositions prises par la grand'garde du 1er bataillon de Redon ; il me dit que le service avait été très bien fait partout, notamment par celui de Rennes, commandant Deloizy, qui, me dit-il, était très dévoué et connaissait parfaitement son service.

## II

Nous voilà arrivés au 11 janvier, jour de la bataille principale du Mans. La deuxième armée de la Loire, malgré son courage, avait été obligée de battre en retraite et de laisser à l'ennemi ses premières lignes de défense. Elle occupait le matin du 11 janvier, les dernières lignes de défense du Mans, de la Sarthe supérieure à l'Huisne, à Yvré-l'Évêque (où le général Gougeard, avec sa division de Bretagne, qui était partie de Conlie, le 24 novembre 1870, et qui, depuis ce temps, faisait partie de l'armée de la Loire, défendait énergiquement les ponts et il devait, dans la journée, après la panique de la 2e division du 17e corps, avec une partie de ses soldats, quatre compagnies du 1er bataillon de la 1re légion de mobilisés d'Ille-et-Vilaine et deux compagnies de mobiles des Côtes-du-Nord, plus quatre compagnies du 1er bataillon des volontaires de l'Ouest, se couvrir de gloire en reprenant à l'assaut le plateau d'Auvours, situé près d'Yvré-l'Évêque), de l'Huisne à la Sarthe inférieure à Arnage, par le chemin aux Bœufs.

L'amiral Jauréguiberry, commandant le 16e corps et qui devait commander le secteur de l'aile droite de l'armée, n'arrivait de Château-du-Loir à Pontlieue en passant par Écommoy, qu'assez tard dans la matinée. Il était parti à quatre heures du matin, mais le chemin avait été mauvais et long et malheureusement la division de Curten qui avait sa place assignée sur la route de Tours à la Tuilerie, ne put arriver, l'ennemi lui ayant barré le passage. Donc, dans la matinée du 11 janvier, les six bataillons de mobilisés d'Ille-et-Vilaine étaient placés ainsi : Quartier général à la Tuilerie; 2e et 3e de Rennes et 1er de Redon, dans le chemin aux Bœufs, section de la route de Ruaudin à celle de Tours, les bataillons de Rennes à gauche, le bataillon de Redon à droite; le 1er de Saint-Malo au château des Hunaudières sur la droite et en avant, à trois ou quatre kilomètres de la Tuilerie; les 2e et 3e de Redon, à droite de la Tuilerie, dans les bois.

Vers une heure, le général Chanzy, escorté d'une partie de son état-major, venant de visiter l'aile gauche de l'armée, débouchait du chemin aux Bœufs et coupant la route de Ruaudin, arrivait aux 2e et 3e de Rennes, et s'arrêtait. Il fut de suite entouré des officiers et des mobilisés ; le général les exhorta chaleureusement à l'accomplissement de leur devoir, disant : « J'ai tout pouvoir pour récompenser les belles actions, » ajoutant que dans sa conviction ils allaient être attaqués incessamment, qu'il comptait sur eux. Puis, continuant sa marche, il passa devant le 1er de Redon, et nous lança un regard significatif. Nous avions peu entendu, mais quoique cela nous avions bien compris ce qui venait d'être dit.

Nous étions rangés en bataille et prêts, quand, environ une heure après le passage du général en chef, nous vîmes des troupes, deux régiments venant par la route de Ruaudin et de la direction de Pontlieue, à la hauteur du chemin aux Bœufs, faire par file à droite, passer devant les trois bataillons, s'arrêter, la tête de colonne à la route de Tours et faire front ; ils étaient complètement devant nous. Dix minutes après nous recevions l'ordre, les deux bataillons de Rennes, de faire demi-tour, de rentrer dans le bois et d'aller s'établir à deux ou trois cents mètres en arrière (à ce moment ces deux bataillons ne sont plus aux ordres du général Lalande et sont annexés à la brigade Isnard de Sainte-Lorette, de la 1re division du 16e corps, général Deplanque) ; le 1er de Redon, de traverser la route de Tours, de remonter à la Tuilerie et d'aller s'établir en réserve dans le bois, à droite de la batterie d'artillerie, à environ, la gauche du bataillon, cent cinquante mètres de la Tuilerie ; simultanément les 2e et 3e de Redon se déployaient en tirailleurs en avant, mais sur la droite, sur un parcours de deux kilomètres dans la direction d'Arnage ;

à la gauche de ces deux bataillons trois compagnies d'infanterie du 31ᵉ de marche venant d'Arnage et encore plus à gauche jusqu'à la route de Tours, deux compagnies de chasseurs à pied du 8ᵉ de marche venant de Pontlieue. Le 1ᵉʳ de Saint-Malo seul est toujours au château des Hunaudières, depuis la veille, à trois ou quatre kilomètres de la Tuilerie.

Il est trois heures. L'action engagée depuis le matin sur notre gauche se rapproche, puis s'engage devant la Tuilerie par un feu d'artillerie de deux batteries allemandes à trois kilomètres, auquel ripostent immédiatement deux batteries françaises. L'extrême gauche de l'armée ennemie, 20ᵉ division prussienne, général Kraatz-Koschlau, a traversé la route de Tours; elle s'en éloigne peu, cent cinquante mètres, ne va pas plus loin dans la direction d'Arnage, où sont la division Barry, les mobilisés du colonel Lebrun et d'autres troupes, laisse cette localité sur sa gauche; s'avance face à la Tuilerie et engage ses tirailleurs avec ceux des chasseurs à pied, la ligne, et plus sur sa gauche obliquement avec ceux du 2ᵉ de Redon; les tirailleurs du 3ᵉ de Redon plus à droite que ceux du 2ᵉ ne sont pas engagés. Là, chacun fait son devoir et tient parfaitement coup; de part et d'autre il y a des hommes hors de combat et en combattant, il est fait des prisonniers, entr'autres, de notre côté, le capitaine Macaire, de la 2ᵉ du 2ᵉ bataillon de Redon. Pendant ce temps-là, la batterie de la Tuilerie, appelée batterie de droite, capitaine

Gautier, tirait de trois à cinq heures une centaine de coups au moins, tant de canon que de mitrailleuse, et n'avait qu'un homme tué et un autre blessé, par cet heureux hasard que les projectiles ennemis en arrivant à terre avaient leur choc amorti par vingt pieds de neige, et par conséquent n'éclataient pas. La batterie de gauche, capitaine Perret, envoyait deux cents décharges, et par les mêmes raisons ne souffrait guère plus. A cent mètres à la droite de la batterie de droite, dans le bois, nous savons qu'était en réserve le 1er bataillon de Redon ; toutefois, le colonel Ardin d'Elteil, je ne l'ai su que plus tard, bien après la prise de la Tuilerie, avait placé en avant du bataillon, servant de soutien aux chasseurs à pied, la 2e compagnie de ce bataillon, capitaine de Beaulieu.

Vers trois heures et demie, les voituriers d'une corvée très importante de vivres, venant du Mans et destinés aux six bataillons d'Ille-et-Vilaine, *dont cinq bataillons n'en avaient pas reçu la veille et celui de Saint-Malo depuis trois jours,* déchargèrent au galop des caisses de biscuit, lard, pain et une futaille d'eau-de-vie sur un terrain nu et plat, à cinquante mètres environ un peu à droite en arrière de la batterie Gautier ; le colonel Ardin d'Elteil vint à moi et me dit : « Nous allons faire prévenir les bataillons, mais la distribution va être difficile, sinon impossible, beaucoup de compagnies sont loin et engagées avec l'ennemi, enfin on va faire prévenir que les vivres sont arrivés. » Je lui répondis : « Je me charge de la distribution. » Il me dit alors : « Bon, je compte sur vous, » et il partit. Aidé du capitaine adjudant major E. Garnier, sous une pluie d'obus, dont quelques-uns tombèrent sur les caisses de vivres, mais qui pour la plupart se perdirent dans la neige sans éclater, nous commençâmes la distribution par les compagnies du 1er bataillon de Redon, qui étaient tout auprès et ensuite à trois ou quatre compagnies des 2e et 3e de Redon qui seules purent envoyer des hommes en chercher.

La journée s'avance, il est cinq heures du soir. Rappelons-nous que nous sommes en janvier, le 11. Le feu ennemi et celui de notre batterie se ralentissent, quelques instants après cessent complètement. Également nous n'entendons plus de coups de fusil. Je vais causer quelques instants avec les officiers de la batterie : « Ça a chauffé un moment, Messieurs ! leur dis-je. — Oui, mais c'est fini, en voilà pour jusqu'à demain matin. Mais demain matin il faudra être solide au poste. — Vous croyez que nous pouvons être tranquilles jusqu'à demain matin ? — Oui, jamais les Prussiens n'ont attaqué la nuit. »

Les troupes du génie qui, antérieurement, avaient fait les travaux nécessaires à l'établissement de la batterie, avaient fait, dans le bois et pour se garantir du froid la nuit, quelques tranchées qu'ils avaient recouvertes de branches d'arbres, de quelques planches et ensuite de la terre du déblai de ladite tranchée. Ces abris se trouvaient sur une partie de l'emplacement qu'occupait le bataillon de Redon. A cinq heures un quart, à la nuit complète, quelques compagnies de ce bataillon, sans avoir à changer la position assignée, s'y réfugièrent ; les autres compagnies restèrent à découvert à l'endroit exact occupé dans le jour. J'allais d'une compagnie à une autre, causant avec les officiers, leur recommandant d'être toujours prêts.

Depuis quelques instants, chose singulière, vers six heures, on entendait dans les arbres au-dessus de nos têtes siffler des balles, mais sans entendre de détonations. Je priai le capitaine Rapé, de la 1re compagnie, de venir avec moi. Sous bois, par la nuit profonde, on ne voyait rien à dix pas et sans la neige nous n'eussions rien vu à quatre. Nous partîmes dans la direction d'où nous croyions que les balles devaient venir. Après peut-être dix minutes de marche nous apercevons devant nous, à quelques pas, debout, le corps effacé et penché en avant, l'épaule droite appuyée aux arbres, des formes humaines ; nous approchons et reconnaissons des officiers de chasseurs à pied ; leurs hommes que nous ne voyions pas devaient être quelques pas en avant. Je dis à un de ces officiers : « *Qu'est-ce qu'il y a ? — C'est rien. — Avez-vous besoin de renfort ? — Non, merci. —*

*Vous savez, nous sommes en arrière, pas loin de vous et à votre disposition? — Bon, bon,* » puis secouant le bras gauche sans détourner la tête : « *Non, merci, ce n'est rien,* » et nous n'entendions effectivement rien. Nous retournâmes à notre bataillon. Je recommençai à aller d'une compagnie à une autre et un peu plus tard je rencontrai le colonel Ardin d'Elteil, que je n'avais pas vu depuis trois heures et demie, quatre heures le tantôt. Je lui dis : « Colonel, je suis bien inquiet, il est venu peu de compagnies à la distribution des vivres. Comment ferai-je demain matin? j'ai peur qu'il en soit pris! » Il me répondit : « Oh! la distribution, la distribution, nous venons de l'avoir. »

A environ cinquante mètres en arrière un feu de sapin qui venait d'être allumé, flambait ; je dis au colonel : « Je vais aller faire éteindre ce feu, il peut donner une direction à l'ennemi. — Je vais avec vous, me répondit-il. » Nous marchons fort dans la direction de ce feu et nous le faisons éteindre rapidement. Nous nous en retournions ; à peine avions-nous fait dix pas, que, soudain, nous entendons sur notre gauche, dans la direction de la Tuilerie, à deux cents mètres, un formidable hourah. Je précédais le colonel d'un ou deux pas. « Bon Dieu ! qu'est-ce que c'est que ça ? » lui dis-je. Me retournant, je ne le vis.... que trois jours après, à Évron.

Je cours au galop, culbutant dans un fossé rempli de neige : je me dirige dans la direction de la gauche du bataillon, la gauche étant la plus près et à environ cent cinquante mètres de la Tuilerie. Arrivé là, je vis un groupe d'officiers et d'hommes, peut-être vingt à trente ; les autres compagnies plus à droite dans le bois et ne se voyant pas entre elles, puisque l'obscurité ne permettait de le faire qu'à huit à dix pas, croyant certainement que c'était l'ordre, venaient de battre en retraite. Elles avaient battu en retraite, parce que *les chasseurs à pied et les troupes de ligne, officiers en tête*, qui *seuls* venaient de traverser leurs rangs, leur avaient dit en passant : « *En retraite!* » et elles ne voyaient et ne pouvaient voir qu'eux et encore en passant et sans trop les reconnaître ; alors le groupe des vingt à trente hommes environ, l'extrême gauche du bataillon, qui n'avait rien vu passer, sortant du bois par sa gauche, ne vit plus les canons.

Nous ne vîmes pas non plus les Prussiens, il faisait trop noir, mais nous les entendions distinctement ; ils étaient alors à quatre-vingts mètres de nous. Des officiers, des hommes voulaient combattre. En voyant le peu que nous étions je dis : Non ; peut-être s'il y avait eu là une autorité supérieure à la mienne, peut-être n'aurais-je pas dit : Non. — Je dis aux capitaines E. Garnier, Boëssel et à ceux qui étaient avec nous : « C'est une surprise, la position est prise, notre attaque ne pourrait servir qu'à nous faire tuer ou à nous faire prendre ; en retraite aussi nous. En arrivant à Pontlieue je rendrai compte de ce qui vient d'arriver et comment ça s'est passé. » Le capitaine Boëssel, qui était volontaire, ne voulait pas s'en aller ; le revolver au poing, il disait : « Ah ! que j'aurais de plaisir à me venger ! Comme je voudrais leur décharger mon revolver !... » Nous l'emmenâmes.

Il y avait alors un quart d'heure que la Tuilerie était aux mains de l'ennemi, il pouvait être sept heures et demie ; elle venait d'être prise par des bataillons ennemis, montant à droite et par la grande route [1], sans obstacles, peut-être aussi par quelques troupes montant un peu à gauche, mais pas loin, vingt à trente mètres, puisque nous, le 1er bataillon de Redon, qui en étions à cent cinquante mètres environ et parallèlement à la Tuilerie, nous n'avons pas été attaqués, n'avons rien vu ; nous n'avons fait qu'entendre sur notre gauche leur cri de triomphe en prenant la position.

Le général Lalande a dit, dans sa déposition devant la Commission d'enquête : « J'étais seul, etc., etc., » laissant croire ainsi qu'il avait été abandonné par ses mobilisés. Effectivement à la Tuilerie, il n'y avait que le général, l'aumônier, l'officier payeur

[1] Comme l'indique la fin de la lettre du commandant Rabatel, page 55.

et quelques ordonnances, mais à qui la faute? Le 1er bataillon était où on l'avait placé, en réserve, à cent cinquante mètres sur la droite, dans le bois, dans l'obscurité et ignorant ce qui se passait; il n'y avait qu'à lui donner des ordres et il n'en a jamais reçus.

Dans son rapport à la Commission d'enquête, le lieutenant-colonel Ardin d'Elteil écrit que nous avions battu en retraite, le croyant fait prisonnier ; nous répondons : Pour le sûr, nous savons qu'il ne pouvait l'être, mais que lui pouvait supposer que nous aurions pu l'être. Ce n'est ni la seule, ni la plus importante des rectifications qui devrait être faite à son rapport.

En s'écartant de la vérité, s'il a plu au lieutenant-colonel Ardin d'Elteil de faire le matamore, c'est l'affaire de sa conscience, mais au moins il n'aurait pas dû chercher à entacher les autres.

A la page 346 de la 5e édition du livre *La deuxième armée de la Loire*, du général Chanzy, l'amiral Jauréguiberry, qui venait de rentrer au rond-point de Pontlieue, vers huit heures du soir, informe le général en chef que le général Lalande, lui-même, venait de lui confirmer que ses hommes, à la vue d'une colonne prussienne marchant sur ses positions, pris de panique, avaient tout abandonné. Non, général, vos hommes n'avaient rien abandonné, pas un n'était sur le passage de la colonne ennemie, aucun d'eux n'a pu la voir; à cet instant nous étions tous sur les positions que nous occupions avant la nuit, et depuis quatre heures (de trois heures un quart à sept heures un quart), nous éprouvions solidement le feu de l'ennemi. Pour la vérité, nous ne saurions jamais être trop affirmatifs. Un simple fait passé pas loin de vous, au 1er bataillon de Redon, vous le rappellera; si vous le désirez, nous pourrons vous en citer d'autres.

Celui qui écrit ces lignes causait avec le capitaine E. Garnier, à deux pas de nous presque nous touchant, nous voyons un mobilisé chanceler, pâlir et sans dire mot, sans se plaindre, sa figure se contracter : Qu'avez-vous, lui demandons-nous, et rapidement nous lui examinons les bras, les jambes, et à l'instant où nous étions prêts à lui dire : Nous ne voyons rien, c'est une faiblesse, nous apercevons, un peu au-dessous de son épaule gauche, sa vareuse lacérée, se mouiller et se rougir, un éclat d'obus venait de lui briser l'omoplate gauche; quelques-uns de ses camarades se précipitèrent vers lui, l'un d'eux nous dit : Je suis son frère !

Ah ! si ceux qui sont tombés au champ d'honneur pouvaient revenir, quel flot d'indignation les envahirait en apprenant ce que vous avez dit !

Veuillez lire ces lignes et vous saurez par quelle fatalité, la Tuilerie étant prise à leur insu, une partie de vos hommes, dont l'ensemble n'était en mobilisés, depuis trois heures de l'après-midi, que de trois bataillons d'Ille-et-Vilaine, battit en retraite.

Le même jour, entre quatre et cinq heures, à la prise du plateau d'Auvours, qui venait d'être abandonné par la division Pâris, quand le général Gougeard, par un suprême appel, cria à ses mobilisés du 1er bataillon de Rennes : « En avant l'Ille-et-Vilaine, en avant, mes enfants, souquons dur et à la bayonnette ! » ont-ils un seul instant marchandé le sacrifice de leur vie ? Oh non ! Sous une grêle de balles, malgré tous les obstacles, la charge sonnant toujours, sans avoir tiré un seul coup de fusil, ils abordent à la bayonnette le sommet du plateau, en délogent et poursuivent l'ennemi ; aussi quand, à cinq heures et demie, le lieutenant-colonel d'Aguet arriva au rapport, le général Gougeard, encore tout ému, en lui tendant les mains, lui dit : « Colonel, je vous fais mes compliments ; vous avez de rudes soldats. »

Pour cet héroïque fait d'armes, le général Chanzy n'a nommé que les volontaires de l'Ouest (quatre compagnies) et les mobiles des Côtes-du-Nord (deux compagnies), oubliant ainsi les mobilisés du 1er bataillon de Rennes, qui pourtant composaient presque la moitié de la colonne d'attaque.

De deux choses l'une, ou le général Lalande a été surpris à la Tuilerie, ne croyant pas à une attaque de nuit, ou il se croyait assez gardé par les deux régiments qui avaient, à trois heures, remplacé dans le chemin aux Bœufs, les 2e et 3e de Rennes et le 1er de Redon. Quoi qu'il en soit, l'ennemi, sur son passage, dans son attaque de nuit, n'a pas et ne pouvait pas rencontrer de mobilisés, par conséquent la perte de la position ne peut leur être imputée.

Le général Lalande, dans un passage de sa déposition devant la Commission d'enquête, dit : « Quand je suis parti du Mans, des officiers de ma brigade vinrent me déclarer qu'ils ne voulaient point partir : *Vous partirez ou je vous fais fusiller.* » Pourriez-vous nous citer un nom ? nous vous le demandons avec instance. Si aucun de nous n'a réclamé ni ne réclame d'éloges, tous nous vous demandons à prouver ce que vous avez dit. Sachez que plusieurs de vos mobilisés ont eu une conduite glorieuse et que pas un, officier ou garde mobilisé, n'en a eu une honteuse et humiliante. Tous étaient dévoués et ont fait courageusement leur devoir.

A un autre endroit de votre déposition vous dites que les cadres ne *pouvaient avoir aucun ascendant, ni par leur moralité, ni par leur conduite.* Souvent certaines personnes sont disposées à gratifier les autres de leurs défauts. Ainsi les mobilisés n'avaient nommé pour les commander que des indignes ? C'est stupéfiant. Comme rien, absolument rien n'avait pu vous faire avoir un pareil jugement, certainement vous aviez perdu la tête quand vous avez parlé ainsi, à moins que vous n'ayez rêvé cela le 11 janvier, en oubliant toutefois à votre réveil de penser que le rêve est la contre-partie de la réalité, car ce 11 janvier, jour de la bataille, à dix heures du matin, je vous ai vu, d'autres officiers, dont je pourrais vous citer les noms, vous ont vu également : vous étiez étendu dans une chambre du rez-de-chaussée de la maison du maître tuilier, près de la cheminée, garnie d'un bon feu ma foi, vous ronfliez d'une telle force, malgré le mouvement et les préoccupations de toutes sortes, que nous nous demandions sous quelle influence vous pouviez avoir un sommeil si profond et en même temps si bruyant.

Dans le rapport il est dit que « les chasseurs à pied ne voyant venir ni secours, ni munitions, battirent en retraite. » C'est une autre erreur et nous protestons encore.

Comme je l'ai dit plus haut, avec le capitaine Rapé de la 1re compagnie, je suis allé, il faisait complètement nuit, leur offrir le concours du bataillon. S'ils avaient accepté, en nous indiquant toutefois que nous devions appuyer sur notre gauche, approcher de la route de Tours, peut-être que les Prussiens sentant une plus grande résistance n'auraient pas continué leur marche et en définitive, ce soir-là, pris la position; est-ce à dire qu'il faudrait en conclure que le lendemain ils ne seraient pas entrés au Mans ? Non, malheureusement les Français étaient repoussés de partout, même à Auvours où l'ennemi s'était reporté en forces, et *tous les généraux déclaraient au général en chef qu'ils ne pouvaient plus tenir* [1].

Il est huit heures, huit heures un quart, nous arrivons à Pontlieue. Je rends compte (en détail et en appuyant sur la dénomination des troupes qui battirent en retraite en entraînant une partie des mobilisés) à l'amiral Jauréguiberry de la manière dont les choses se sont passées; étaient présents le bon et brave général Le Boëdec, que je reconnus parfaitement, il avait commandé avec bienveillance et fermeté le camp de Conlie, et d'autres officiers de l'état-major. L'amiral me répondit : « Si c'est comme ça, descendez et rassemblez vos hommes et tenez-vous prêts ; on va vous donner des ordres. » J'ai également expliqué les choses à un autre général que je ne connaissais pas et qui demeurait à un premier étage d'une maison faisant l'angle d'une route et de la place, à Pontlieue.

Entre trois et quatre heures du matin, on me fit demander. « Êtes-vous prêts ? — Oui, répondis-je. — C'est bien. On va vous envoyer prendre des positions. » Nous étions en ordre sur la place de Pontlieue. Parmi nous il y en avait même de très malades, pouvant à peine se tenir debout; pensant que nous allions combattre, la volonté terrassait la maladie.

[1] Page 353, 5e édition, *Deuxième armée de la Loire.*

Vers quatre heures et demie à cinq heures, des officiers de l'état-major général du 16ᵉ corps examinèrent des fusils dont les hommes ne pouvaient extraire les baguettes des tenons ; ils virent encore d'autres défauts à nos armes ; c'est assurément pour cela que nous ne reçûmes pas l'ordre d'aller prendre des positions, à moins qu'à ce moment les désolantes nouvelles générales de l'armée n'aient fait décider la retraite.

A onze heures et demie de la nuit, le général Le Boëdec, avec une colonne de quinze cents à deux mille hommes, parmi lesquels étaient le bataillon de Saint-Malo et d'autres mobilisés d'Ille-et-Vilaine avait tenté, mais malheureusement en vain, de reprendre la Tuilerie. En s'y rendant il avait rencontré et emmené avec lui la 2ᵉ compagnie du 1ᵉʳ bataillon de Redon. Voilà par quelles circonstances cette compagnie se trouvait à cette heure sur la route : nous nous souvenons que le colonel Ardin d'Elteil, vers trois heures de l'après-midi, avait placé cette compagnie en avant du 1ᵉʳ bataillon de Redon et comme soutien des chasseurs à pied qui étaient en tirailleurs. A la nuit, à cinq heures et demie, le capitaine Beaulieu croyant, sans aucun doute, l'affaire terminée, avait abrité ses hommes le mieux qu'il avait pu. Deux heures après les chasseurs sans bruit avaient battu en retraite et par l'obscurité la 2ᵉ compagnie ne s'en était pas aperçue ; ils avaient bien entendu vers sept heures un quart un certain bruit, mais ils ne s'en étaient pas rendu compte. Deux heures après, le capitaine Beaulieu, n'entendant plus rien autour de lui, envoie son lieutenant, le lieutenant Coudrais, accompagné de deux hommes, en arrière au quartier général, c'est-à-dire à la Tuilerie, demander ce qu'il fallait faire : ou rester ou rallier le bataillon. Le lieutenant dans l'obscurité s'avance, arrive près de la Tuilerie, passe entre des Prussiens sans s'en apercevoir, demande un renseignement en français et aussitôt est fait prisonnier avec ses deux hommes. Le capitaine attend une heure ; ne voyant rien venir, il marche avec sa compagnie, reconnaît la masse des Prussiens et est forcé aussi lui de battre en retraite. Voilà pourquoi le général Le Boëdec le rencontra sur sa route de onze heures à minuit et emmena avec lui cette compagnie.

Au bataillon, nous ignorions où elle avait été envoyée, nous la croyions sur la droite, dans la direction d'Arnage, avec les 2e et 3e bataillons.

A huit heures du matin, nous partions de Pontlieue et nous allions par ordre chercher la ligne du chemin de fer de Tours au Mans. En la suivant nous rentrions en ville par la gare ; nous n'avons fait que la traverser et avons pris la ligne la plus courte pour aller prendre la route de Conlie où nous couchâmes. Quand nous avons passé au Mans, toutes les rues, les ponts, étaient remplis de troupes de toutes armes en retraite, il était entre onze heures et midi.

Le matin de notre départ de Conlie, les bataillons de mobilisés se rendirent en ordre aux magasins de vivres qu'ils connaissaient et sur bons réguliers, ils leur fut donné des vivres ; le soir nous couchions dans l'église d'Assé-le-Béranger et le lendemain en ordre, chaque homme ayant son fusil, nous arrivions à Évron. Le colonel Ardin d'Elteil nous y rejoignait avec l'aile droite des mobilisés qui s'était repliée sur Arnage le 12 janvier, au matin. Le lendemain le 1er bataillon de Redon recevait l'ordre de se diriger sur les lignes de Carentan ; les cinq autres bataillons se dirigèrent sur Rennes.

# III

Ce qui vient d'être dit est la vérité tout entière, et pourtant le général Chanzy, le soir du 11 janvier, écrivait à la délégation du Gouvernement de la Défense nationale que les mobilisés d'Ille-et-Vilaine avaient fui au premier obus, que l'ennemi s'était installé sans coup férir, que c'était une honte, etc., etc. Cette flétrissure, cette fausse dépêche a été la cause de celle à peu près identique envoyée le lendemain 12 par le Ministre de l'Intérieur aux Préfets et qui a été affichée partout. On a été même jusqu'à dire que les mobilisés avaient été la cause, non seulement de la perte de la Tuilerie, mais encore de celle du Mans.

Le 11 janvier les mobilisés ont fait leur devoir, comme ils l'auraient fait si le matin du 12 on les avait envoyés prendre des positions. Dira-t-on que le bataillon de Saint-Malo, *affamé depuis trois jours,* plus mal armé encore que les autres bataillons, avec des fusils de différents calibres et des cartouches humides, isolé à trois ou quatre kilomètres avec ses sept cents hommes, pouvait vaincre les six mille Allemands dont il a reçu le choc ? Seul à la nuit, sans secours, il n'avait qu'à se faire prendre tout entier, se faire détruire ou battre en retraite, c'est ce qu'il a fait, mais après avoir combattu et compris que la résistance ne pouvait durer plus longtemps. Les 2ᵉ et 3ᵉ de Redon ? mais ils étaient déployés sur deux à trois kilomètres et ils avaient à leur gauche, c'est-à-dire se rapprochant de la Tuilerie, de la route de Tours, des troupes de ligne et des chasseurs à pied qui, seuls, le soir, n'étaient pas éloignés du point attaqué et conséquemment auraient pu peut-être faire quelque chose sans l'obscurité. Le 2ᵉ bataillon de Redon tout le jour a tenu bon, a eu des hommes mis hors de combat et des prisonniers faits en combattant ; dans la nuit il n'a pas été attaqué ; le 3ᵉ, plus à droite encore, n'a pas été naturellement attaqué la nuit non plus ; le jour il avait fait son devoir comme le 2ᵉ. Reste le 1ᵉʳ de Redon, le plus près de la Tuilerie, à cent cinquante mètres, dans l'obscurité depuis deux heures ; on a vu par quelles circonstances il se replia sur Pontlieue. Tant qu'aux 2ᵉ et 3ᵉ de Rennes, nous savons qu'ils n'étaient plus sous le commandement du général Lalande, qu'ils faisaient partie de la division Deplanque ; qu'ils étaient annexés à la brigade Isnard de Sainte-Lorette et en deuxième ligne, en arrière d'autres troupes, à deux cents ou trois cents mètres, et coopéraient à la défense du Tertre-Rouge. (Voir à la page 53 de cette brochure la lettre du commandant Deloizy qui, dans la circonstance, avait sous ses ordres ces deux bataillons.)

La prise de la Tuilerie a donc été indépendante du fait des mobilisés. Sans outrecuidance, je puis dire que, pour défendre une position aussi importante et puisque la division du général de Curten ne pouvait arriver à temps, il ne fallait pas nous disséminer comme nous l'avons été, ou mieux encore et surtout à cause de nos fusils, y placer la division Barry qui était à Arnage ; mais si l'ennemi en même temps s'était présenté à Arnage ? une seule réponse est possible ; c'est que nous n'étions pas en nombre pour résister aux cent quatre-vingt mille hommes du prince Frédéric-Charles et du grand-duc de Mecklembourg ; puis les notes des 10, 11, 12 et 14 janvier, envoyées au général en chef par les généraux Gouffroy, Deplanque, De Colomb, Jauréguiberry, Barry, etc., par les colonels Ribell, etc., nous prouvent que les braves survivants de Coulmiers, Loigny, Josnes, Vendôme, etc., etc., surtout le valeureux 16e corps, par des privations, des marches et des combats incessants, étaient épuisés.

Le général Chanzy, à la fin du livre quatrième de son ouvrage *La deuxième Armée de la Loire*, rendant compte de l'engagement d'Écommoy, par une partie de la division de Curten, dit : « Ce succès partiel montre du reste ce que l'on aurait pu obtenir le 10, si l'amiral, ayant eu à temps son monde sous la main, avait pu opérer une diversion sur le flanc gauche de l'ennemi, et si le général de Curten, marchant plus vite et plus directement sur Château-du-Loir et sur Écommoy, gagnant une étape, était arrivé le soir du 11 sur la position de la Tuilerie qui lui était assignée, empêchant ainsi, selon toute probabilité, la panique des mobilisés du général Lalande, dont les conséquences avaient été l'abandon du Mans. »

Comme nous avons vu que le général Lalande, qui était à la Tuilerie, n'y avait pas réuni ses mobilisés, du reste employés ailleurs ; qu'à cette position, il n'y en avait donc pas ; que des quatre bataillons qui étaient sous son commandement, l'un était à trois et quatre kilomètres, les autres déployés sur deux à trois kilomètres, que les plus près étaient à cent cinquante mètres, tous sur la droite ; que la nuit, la Tuilerie prise, les mobilisés n'avaient rien vu et étaient encore sur les positions où on les avait placés dans le jour, que beaucoup ne battirent en retraite que le lendemain sur Arnage, que ceux qui battirent en retraite le soir, ne le firent que parce que les chasseurs à pied et des compagnies de ligne, la position étant prise, leur dirent, en se repliant : « *En retraite,* » commandement qu'ils ont cru venir de leurs chefs, l'obscurité les empêchant de distinguer ; pour la sincérité de la vérité, le général Chanzy doit donc se rectifier et dire « ..... était ainsi arrivé le soir du 11 janvier sur la position de la Tuilerie qui lui était assignée, empêchant ainsi, selon toute probabilité, la *panique d'une brigade de la division Deplanque, qui avait remplacé à trois heures de l'après-midi, dans le chemin aux Bœufs, les mobilisés de Bretagne*, reportés en arrière, en deuxième ligne, et qui avait sa droite sur la route de Tours, par laquelle l'ennemi monta à sept heures un quart à l'assaut de la position, attaque qui a eu pour conséquence l'abandon un peu anticipé du Mans, le commandant Deloizy [1] avec ses mobilisés d'Ille-et-Vilaine ayant été impuissant à arrêter cette brigade dans sa déroute. »

Le courage des troupes de la 2e division du 16e corps engagées dans ce combat d'Écommoy est indiscutable, mais au point de vue du résultat obtenu était-ce un succès, même très partiel ? Il est permis d'en douter. Le 10 janvier au soir, la division de Curten arriva à Château-du-Loir, où elle trouva les instructions laissées par l'amiral commandant le 16e corps qui en était parti le même jour se rendant à Pontlieue ; ces instructions lui disaient de se porter sur le Mans, à la Tuilerie sans doute, et de se servir autant que possible du chemin de fer pour accélérer le transport de ses troupes. Le 11, à deux heures de l'après-midi, cette division arrive à Mayet, elle apprend alors que la voie et les fils télégraphiques

[1] Voir sa lettre du 25 janvier 1871, page 53.

sont coupés à hauteur d'Écommoy et que par conséquent elle ne peut se servir de la ligne; elle continue sa marche en avant, en faisant reconnaître ce qu'elle a devant elle par les francs-tireurs des Deux-Sèvres et le 23e bataillon de chasseurs à pied, soutenus par le 27e régiment de mobiles qui entrèrent dans Écommoy sans coup férir. Quelques instants après ils sont attaqués par l'ennemi qui veut prendre le village; mais ils le repoussent, et alors au lieu de continuer en avant la division bat en retraite sur la Flèche, par Pontvallain, s'éloignant ainsi des positions qu'elle devait prendre au Mans; elle n'est point poursuivie par l'ennemi, au contraire, cette retraite permet à toute une division prussienne en position entre Mulsanne et Écommoy, par moins de deux heures de marche, de se joindre à ceux des leurs qui allaient bientôt prendre la position de la Tuilerie.

En somme le combat d'Écommoy, qui pouvait avoir d'heureuses conséquences, n'a été qu'une petite affaire sans bonne importance pour nous.

Sans vouloir prétendre amoindrir le grand dévouement à la patrie montré par la deuxième armée de la Loire dans sa retraite depuis Orléans, qu'il me soit permis de faire remarquer que ses quelques succès n'étaient et ne pouvaient être que partiels; en effet, après l'incalculable désastre de Metz, nous n'étions plus et de beaucoup assez nombeux pour continuer la lutte;

que voulait alors l'ennemi ? à tous prix empêcher le ravitaillement de Paris investi ; il savait qu'après sa capitulation, c'était la paix, la paix à peu près aux conditions qu'il aurait voulu. Son but n'était donc pas de chercher à anéantir les armées de province, surtout celle de l'Ouest, mais de les maintenir dans un certain rayon de la capitale et quand avec une partie de ses troupes il avait forcé ces armées, à peine formées, de battre en retraite, de s'éloigner, ce qui arrivait à peu près tous les jours, il avait ce qu'il désirait et n'avait pas de raisons pour les poursuivre avec acharnement en perdant lui aussi beaucoup de monde. Du reste quand les Français, vers la fin de la journée de marche, s'arrêtaient et forçaient l'ennemi à s'arrêter aussi, les uns comme les autres étaient extrêmement fatigués et ne demandaient qu'à s'arrêter ; l'action s'engageait, durait peu et le lendemain la retraite continuait.

Ainsi de même jusqu'au 16 janvier où l'armée de l'Ouest de plus en plus affaiblie, cessa d'être poursuivie par les Allemands qui sans doute la jugèrent assez éloignée de Paris dont la capitulation arrivait à grands pas.

Pour connaître l'extrême fatigue de l'armée en arrivant aux dernières positions de défense du Mans, il suffit de lire l'ouvrage du général Chanzy.

Dès la retraite des lignes de Josnes le 13 décembre,

et bien davantage encore après celle de Vendôme huit jours après, nous la voyons dans un tel épuisement que son aile droite en était complètement désorganisée, et pourtant les hommes de cœur étaient en grande majorité.

Après les combats qui avaient forcé les troupes à se replier le 7 janvier en arrière de la Braye (affluent du Loir, séparant le département de la Sarthe de celui de Loir-et-Cher), le général en chef dit : « ..... Cette direction générale donnée à la retraite avait l'inconvénient d'abandonner les artères principales aboutissant au Mans et de les laisser toutes ouvertes à l'ennemi ; elle eut de plus comme conséquence, de jeter les colonnes sur des chemins difficiles, de les obliger à de longs détours et de les faire aboutir au Mans en dernier lieu, en retard et épuisées de fatigue. » Quelques pages après, on voit le général en chef se plaindre d'ignorer les positions de plusieurs divisions, malgré un grand nombre d'officiers envoyés dans toutes les directions en recherches. Personne ne connaissait d'une façon certaine les points occupés.

Les instructions générales du 9 janvier au soir, nº 208, sont encore la preuve du pauvre état de l'armée.

Le soir du 10 janvier, la division de Gouffroy (3ᵉ division du 17ᵉ corps), harassée et affamée, rentrait au Mans par Pontlieue et son général demandait avec instance à lui faire passer la Sarthe pour lui donner un repos indispensable et qu'elle avait bien mérité, du reste comme toutes les colonnes mobiles qui rentraient au Mans, à bout, usées par les combats, l'extrême rigueur de la saison, les marches et les privations. Les circonstances forcèrent le général Chanzy, d'ordonner à cette division de faire demi tour et d'aller prendre les positions qu'elle devait occuper vers Changé.

Les instructions générales du 10 janvier, commencent ainsi : « Les ordres si formels du général en chef n'ont pas été exécutés : il en exprime tout son mécontentement aux généraux qui, sous leur responsabilité, ont pris sur eux de ne point obéir. Cette inexécution d'ordres qui prescrivaient partout une offensive rigoureuse, parce que c'était le seul moyen d'arrêter l'ennemi, a eu pour conséquence de déterminer chez quelques-unes de nos troupes une véritable débandade et de laisser l'ennemi s'approcher de nos dernières positions du Mans : la situation est grave ..... » Plus loin, donnant les positions que devait occuper l'armée le 11 janvier, il dit :

« 1° En avant de Pontlieue : les hauteurs qui vont d'Arnage jusqu'au-dessus de la gare d'Yvré-l'Évêque et que borde le chemin aux Bœufs, la défense en sera assurée entre la Sarthe (Arnage) et la route de Tours par les troupes de Bretagne aux ordres du général Lalande ; de la route de Tours à la route de

Parigné par la 1re division du 16e corps, général Deplanque, laissant toutefois sa 2e brigade, colonel Ribell, sur les hauteurs au-dessus de Changé qu'elle a défendue aujourd'hui si vigoureusement, jusqu'à ce qu'elle ait pu être remplacée sans inconvénient par les troupes du 17e corps. De la route de Parigné-l'Évêque à la gare d'Yvré-l'Evêque par les divisions Roquebrune et Jouffroy, du 17e corps, la première à droite s'appuyant à la route de Parigné et menaçant ce village qu'il serait important de reprendre à l'ennemi ; la 2e (Jouffroy) à hauteur de Changé se reliant par sa gauche avec la division Pâris établie sur le plateau d'Auvours. Lorsque les 2e et 3e divisions du 16e corps seront rentrées dans leurs lignes, elles s'établiront en réserve autour de Pontlieue et le vice-amiral Jauréguiberry prendra le commandement supérieur de la défense de tout le secteur qui vient d'être indiqué.

« 2° Entre l'Huisne et la route de Saint-Calais..... » Mais, nous arriverions à l'aile gauche de notre armée, je ne poursuis pas.

La veille, le soir, sur le papier, d'après les rapports reçus dans la journée, suivant ses vues, ses projets, ses combinaisons, ses conceptions, sa science, le général en chef indique, pour le lendemain matin, avec des instructions, les positions à ses troupes ; c'est ce qui s'appelle le plan de bataille ; mais entre le moment où ce plan est arrêté, ordonné et celui où il devra être exécuté, il peut se faire que des éléments sur lesquels il comptait lui font défaut. C'est ce qui est arrivé le 11 janvier, jour de la bataille principale du Mans, tout au moins pour le 16e corps, dont la plus grande partie, lorsque les mesures militaires furent arrêtées pour le lendemain, se trouvait encore en route, en colonnes mobiles. Ainsi la 2e division de ce corps, général Barry, qui devait être le lendemain en réserve à Pontlieue, était restée à Arnage et n'a pas été attaquée; la 3e division de Curten n'a pu rejoindre la 2e à Pontlieue ou plutôt prendre position à la Tuilerie, l'ennemi, à Écommoy, l'ayant empêchée de passer et l'ayant forcée de se replier vers La Flèche ; de sorte qu'en réalité, entre Arnage et la route de Tours dans cette section du chemin aux Bœufs (trois kilomètres environ), il n'y eut, le jour de la principale bataille du Mans, le 11 janvier 1870, que deux compagnies de chasseurs à pied, trois compagnies d'infanterie de ligne et deux bataillons de mobilisés d'Ille-et-Vilaine en tirailleurs et un autre un peu en arrière en réserve, au lieu d'une ou deux divisions en plus ; ensuite de la route de Tours à celle de Ruaudin, une brigade de la division Deplanque, au lieu de la division tout entière et en arrière, en deuxième ligne, deux bataillons d'Ille-et-Vilaine. Cette brigade est celle qui avait remplacé à trois heures de l'après-midi, les trois bataillons d'Ille-et-Vilaine, dans le chemin aux Bœufs, sa droite appuyée à la route de Tours, presque devant la Tuilerie, enfin de chaque côté de la route de Tours, à hauteur de la Tuilerie, deux batteries d'artillerie.

Maintenant que nous connaissons l'emplacement des quelques troupes engagées entre Arnage et la route de Ruaudin, sur trois à quatre kilomètres de distance par le chemin aux Bœufs, disons ce qu'elles avaient en réserve en arrière, vers Pontlieue : il n'y avait rien ; la seule réserve, la brigade Desmaisons, avait été envoyée dans l'après-midi en renfort vers Changé et n'avait été rappelée à Pontlieue que le lendemain 12, dans la matinée, au moment où la retraite allait commencer. Aussi, lorsque vers 11 heures du soir, le général Le Boëdec, rassemblant ce qu'il y avait de troupes parmi celles qui venaient de battre en retraite à Pontlieue, ne réunissait, pour aller reprendre la Tuilerie, que quinze à dix-huit cents hommes dont plus de la moitié étaient des mobilisés d'Ille-et-Vilaine. En résumé, il n'y avait presque qu'une ligne de tirailleurs entre Arnage et la Tuilerie et plus en arrière, vers Pontlieue, en réserve, rien.

Comment expliquer la trop fameuse dépêche du général Chanzy à la délégation du gouvernement de la Défense nationale? Nous nous l'expliquons parce que le général en chef a pu ignorer, après son passage dans le chemin aux Bœufs, le changement de troupes opéré, le remplacement des mobilisés à la route de Tours par une brigade de la 1re division du 16e corps; ensuite parce que l'amiral Jauréguiberry qui commandait le 16e corps, et qui ne devait pas ignorer ce remplacement, n'a pas eu le courage d'incriminer ses propres troupes, que le général de division Deplanque et le général de brigade Isnard de Sainte-Lorette, qui les commandaient, se sont bien gardés et à bon escient de rien rectifier; parce que le général de Lalande qui avait sous ses ordres et assez loin de lui les trois bataillons de mobilisés, ne leur a donné aucun ordre de rassemblement pour la défense de la position qu'il occupait, qu'il a dû être surpris par l'attaque et n'a pas osé l'avouer devant la Commission d'enquête, ni dire quelles étaient les troupes qui étaient devant lui, enfin parce que nous étions les derniers venus à l'armée de la Loire, un corps étranger pour elle et arrivé la veille d'une malheureuse bataille.

Haro sur le baudet!

En ce qui concerne les six bataillons de mobilisés d'Ille-et-Vilaine, le général Chanzy a beaucoup à rectifier son livre; ses dépêches ne sont pas l'expression de la vérité. Nous en appelons à son honnêteté pour faire droit à notre demande, en rétablissant les faits.

Ses conclusions devront être que tous les Mobilisés d'Ille-et-Vilaine ont fait leur devoir.

Après plus de dix ans, pourquoi évoquer des souvenirs qui ne sont pas tous exempts de tristesse? Pourquoi? Nous le devions à la mémoire de nos morts; nous le devions aux blessés, aux prisonniers faits en combattant et qui ont subi de si mauvais traitements, les Allemands les ayant pris, à cause de leur uniforme, pour des francs-tireurs; nous le devions parce que le général Chanzy n'a rien rectifié et a fait réimprimer son rapport au ministre du 13 janvier 1871 dans lequel il répète que les mobilisés d'Ille-et-Vilaine ont fui au premier obus. Nous le devions parce qu'un certain Dussieux, a osé écrire que dans notre retraite, en passant au Mans (pages 183 et 184 de son livre), nous avons jeté hors des wagons, des blessés, pour prendre leur place et retourner plus promptement dans notre pays. Nous le devions parce que nos généraux, au lieu de s'informer et après de nous défendre, ont préféré, eux officiers de l'armée, faire chorus avec les autres généraux et officiers pour nous sacrifier en taisant les seuls et vrais responsables. Enfin nous le devions pour la vérité; c'est seulement aujourd'hui, 24 avril 1881, que j'acquiers la certitude qu'elle n'a pas été dite.

En finissant, nous avons à remercier les quelques écrivains qui se sont montrés bienveillants envers nous. Nous le faisons avec reconnaissance. S'ils avaient connu la vérité, leur défense eût été comme leur bonne volonté, c'est de notre faute. Pour mon compte, je regrette bien de n'avoir eu que si tardivement l'occasion de lire le rapport de M. de la Borderie.

Je sens que j'ai été au-dessous de l'obligation que j'ai cherché à remplir, je ne suis pas écrivain, j'ai fait ce que j'ai pu ; pour l'affaire de la Tuilerie, j'ai donné plus de détails sur le 1er bataillon de Redon ; j'ai vu, j'en faisais partie ; même pour lui j'ai été bien incomplet. J'en demande pardon à mes anciens camarades. J'ai été aussi dans l'obligation de parler de moi-même ; en le faisant, j'aurais été méprisable si j'avais eu une autre pensée que celle de prouver que tous, nous avons eu à cœur de remplir courageusement tout notre devoir. Avec les belles actions particulières aux cinq autres bataillons, je désire qu'une personne dévouée fasse un livre à la hauteur de l'outrage immérité subi par ceux que j'ai essayé de défendre en me défendant également.

# PIÈCES JUSTIFICATIVES

*Lettre du commandant Deloisy au Rédacteur du Journal* l'Avenir de Rennes.

Rennes, 25 janvier 1871.

Monsieur le Rédacteur,

En présence des accusations dont les Mobilisés sont l'objet au sujet de l'affaire du Mans, je tiens à faire connaître à nos concitoyens le rôle de la 1re légion d'Ille-et-Vilaine que j'avais l'honneur de commander dans cette affaire.

Depuis trois heures du soir, la 1re légion (légion de Rennes), composée des 2e et 3e bataillons, occupait l'extrême droite de la ligne à huit cents mètres environ du quartier général, dit Tertre-Rouge. Vers cinq heures, le 2e bataillon reçut l'ordre de se porter en avant. Le 3e bataillon se trouvait alors dans une position très défectueuse ; il était couvert en avant et à droite par un fourré impraticable, et il était urgent de ne pas rester plus longtemps dans cette position qui ne nous permettait pas de prendre part à l'action. Au moment où je cherchais à tirer un meilleur parti de nos forces, je vis d'abord quelques hommes isolés, puis des groupes devenant de plus en plus nombreux, puis enfin des pelotons se dirigeant vers le Mans, sur le chemin venant du quartier général ; je ne tardai pas à deviner une panique. Je fis déployer immédiatement une compagnie qui mit dans nos mains trois ou quatre cents fuyards ; un nombre plus considérable encore parvint à nous échapper.

Après avoir rallié ces fuyards et les avoir placés en arrière du 3e bataillon, je me dirigeai sur le quartier général, laissant le commandement du bataillon au plus ancien capitaine. Arrivé au Tertre-Rouge, au moment où l'artillerie attelait pour battre en retraite, je ne pus obtenir les instructions que j'étais venu y chercher. Du reste, la position devenait critique, car les projectiles ennemis commençaient à devenir nombreux ; je retournai en hâte à mon bataillon. Les capitaines m'informèrent que l'artillerie et le génie étaient déjà en retraite depuis vingt minutes, et que des troupes s'étaient même dirigées sur Pontlieue.

Dans la position occupée par le 3e bataillon, faire un retour offensif sur le Tertre-Rouge, le bataillon isolé comme il l'était, devait nous mettre aux mains de l'ennemi ou nous obliger à livrer un combat que nous ne pouvions soutenir. Je résolus alors de battre en retraite.

J'arrêtai le bataillon à Pontlieue, puis me portant à l'embranchement des routes j'arrêtai le mouvement de retraite en coupant le 36e et le 39e de marche, dont je pris le commandement. Je fis déployer mon bataillon en avant du village et j'ordonnai à deux pièces d'artillerie et à deux mitrailleuses de prendre également leurs positions en avant de Pontlieue. J'essayai, mais en vain, de reformer quelques bataillons, lorsque survint le général Isnard de Sainte-Lorette auquel je rendis compte de mes opérations et remis le commandement.

Tel est en résumé, Monsieur le Rédacteur, l'exposé de la conduite du 2e et du 3e bataillons dans l'affaire du Mans.

Veuillez agréer....

Le commandant du 3e bataillon, P. Deloisy.

*Lettre de M. le commandant Rabatel, du 7e d'artillerie, à M. le Rapporteur de la Commission d'enquête.*

Rennes, le 13 mai 1873.

Monsieur le Député,

Sur votre lettre du 12 courant, j'ai l'honneur de répondre de suite que :

1° Les batteries Péret et Gautier, mentionnées

dans le passage du général Chanzy cité par vous, étaient en effet placées toutes deux sur la position de la Tuilerie, la batterie Peret (19^e^ du 8^e^) à gauche, la batterie Gautier (14^e^ du 7^e^) à droite de la route du Mans à Tours par Mulsanne.

2° La batterie de droite ou batterie Gautier, était armée de quatre canons, de douze rayés, de campagne, et de deux mitrailleuses ; la batterie de gauche ou batterie Péret, de six mitrailleuses et de deux canons de douze, venant de la batterie de droite.

3° Le chiffre des coups tirés par ces deux batteries, comme l'indique le général Chanzy, me semblerait plutôt au-dessous qu'au-dessus du chiffre réel. Ce tir commencé vers trois heures de l'après-midi, le 11 janvier, se prolongea pendant deux heures et demie environ, c'est-à-dire jusqu'à la nuit.

4° Ces deux batteries que j'ai placées moi-même en position à la Tuilerie et dont j'ai eu le commandement pendant le feu et en dehors du feu, n'ont pas été employées ailleurs et n'ont donc tiré que le 11 janvier dans ce lieu et jusqu'à la fin du jour, moment où l'ennemi avait complètement cessé son feu.

La colonne prussienne dont parle le général Chanzy et sur laquelle tirèrent les batteries Péret et Gautier marchait vers nous par la *route de Mulsanne* (route de Tours) et *c'est elle qui s'empara en fin de compte des positions de la Tuilerie.*

Quant au rôle des Mobilisés bretons, vous me permettrez de n'en rien dire ; l'action de l'artillerie se trouvant en cette circonstance indépendante de celle des Mobilisés, ne me permettait pas exactement de voir ce qui se passait chez ces derniers.

Veuillez recevoir....

RABATEL,
Chef d'escadrons au 7e régiment d'artillerie.

*Lettre du général de Lalande à M. le Rapporteur de la Commission d'enquête.*

Paris, 16 mai 1872.

Monsieur le Rapporteur,

Le 12 janvier, au matin, les six bataillons d'Ille-et-Vilaine sont partis sous nos ordres de Pontlieue pour se rendre à Conlie où nous ne sommes arrivés que tard dans la soirée, vers sept heures et demie, les hommes harassés de fatigue et mourant de faim pour la plupart. Le lendemain, à la pointe du jour, j'envoyai un maréchal des logis de mon escorte au commandant du camp, le colonel Jehenne, des mobilisés de la Loire-Inférieure ou le général Morin, pour savoir si je pourrais faire des vivres en passant près du camp, route de Sillé-le-Guillaume et Évron. Le commandant du camp me fit répondre que je pourrais avoir tout ce que je désirerais ; qu'il y avait cent mille rations et que probablement une grande partie serait abandonnée par suite de la marche des Prussiens. Je donnai l'ordre à tous les chefs de bataillon de faire des vivres pour trois ou quatre jours, ne sachant où nous pourrions en toucher dans notre retraite. Tous les bataillons se conformèrent à mes ordres sauf un seul qui passa devant le camp sans s'y arrêter. Ceci se passait le 12 bien avant midi, or le camp de Conlie a été pillé le 13 et 14 par les traînards et après le départ du colonel Jehenne de la redoute de Tenié qui n'a eu lieu que le 13 dans l'après-midi. Les autres Mobilisés qui étaient partis d'Arnage à onze heures du matin, le 12 janvier, avaient pris la route de Laval par Vaige et n'avaient pas passé par Conlie.

Recevez, Monsieur le Député....

C. DE LALANDE.

*Extrait du livre Dussieux.*

A huit heures du soir, un bataillon prussien ayant fait un retour offensif contre la position de la Tuilerie, les Mobilisés d'Ille-et-Vilaine qui l'occupaient furent pris de panique, lâchèrent pied honteusement et entraînèrent par leur exemple un grand nombre de nos soldats. Une partie de ces misérables se ruèrent sur le chemin de fer où ils trouvèrent un train chargé de blessés ; ils les jetèrent brutalement hors des wagons et prirent la place de leurs malheureux camarades pour se sauver plus vite et plus sûrement; l'histoire doit faire connaître et flétrir de pareils actes....

La fuite honteuse des Mobilisés de Bretagne qui était déjà cause de notre défaite au Mans, eut encore un autre résultat; en passant à Conlie, ils jetèrent la panique dans le camp où des milliers de Mobilisés étaient réunis; ceux-ci se débandèrent à leur tour, pillèrent les vivres et les munitions et tous ensemble se sauvèrent en Bretagne.

L. DUSSIEUX,

Ancien professeur à l'École de Saint-Cyr, *Histoire générale de la Guerre,* 1870 et 1871, p. 183 et 184.

*Paroles prononcées le* 14 *avril* 1874 *à l'inauguration du monument élevé sur le plateau d'Auvours, à la mémoire des soldats tombés héroïquement à la prise de cette position, par le général Gougeard, leur vaillant et glorieux chef.*

Messieurs,

Au nom de tous mes compagnons d'armes, je viens déposer au pied de ce monument deux couronnes destinées à immortaliser dans le souvenir des hommes le courage de tous ceux qui sont tombés ici : Les mobilisés d'Ille-et-Vilaine, dignes rivaux des volontaires de l'Ouest, les mobilisés de la Loire-Inférieure, deux fois défenseurs de Champagné; tous, en un mot, car, lorsque la France a fait son dernier appel à ses enfants, nul n'a manqué d'y répondre. La France entière était là, et ses enfants lui ont apporté ce qui leur restait : leur bonne volonté et leur sang. Tant de sang généreux n'aura pas coulé en vain pour la patrie, et je salue avec vous, Messieurs, l'espoir de meilleurs jours.

---

Ce monument, dû à l'initiative des évêques du Mans et de Saint-Brieuc, qui se voit des wagons sur la gauche, au haut du plateau, quelques minutes après le départ du Mans, quelques instants avant d'arriver à la station d'Yvré-l'Évêque, se compose d'une pyramide tronquée de treize mètres d'élévation et est en granit de Brest; elle est terminée par une croix qui repose sur une base représentant quatre sarcophages; dans les fondations est une crypte où sont inhumés les combattants morts sur le champ de bataille.

Sont gravées les inscriptions suivantes :

Face antérieure :

DIEU ET PATRIE !
AUX SOLDATS TOMBÉS DANS LA BATAILLE
DU MANS,
JANVIER 1871.

Face postérieure :

COMBAT D'AUVOURS.
11 JANVIER 1871.

Face droite :

ÆRE COMMUNE POSUERUNT MONUMENTUM.

Face gauche :

INCLYTI SUPER MONTES TUOS INTERFECTI SUNT,
QUOMODO CECIDERUNT FORTES ?
II. R. I.

Au-dessus des sarcophages :

R. I. P.
REQUIESCANT IN PACE.

Outre le monument du plateau d'Auvours, trois autres ont été érigés à la mémoire des mobilisés Bretons :

Aux cent quatre-vingts morts à Conlie, un calvaire dans le cimetière, dont la croix a été sculptée en Bretagne avec de la pierre dite marbre de Bretagne ;

A Champagné un monument en granit supporte une colonne tronquée avec cette inscription :

LES MOBILISÉS DE LA LOIRE-INFÉRIEURE
A LEURS CAMARADES
MORTS A CHAMPAGNÉ
LES 10 ET 11 JANVIER 1871.

A Droué un obélisque de marbre noir haut de ci mètres et surmonté de la croix ; sur la face princip on lit :

LES HABITANTS DE DROUÉ
AUX OFFICIERS, SOUS-OFFICIERS ET SOLDATS
DE L'ARMÉE DE BRETAGNE
QUI SONT TOMBÉS EN COMBATTANT
POUR LA PATRIE
LE XVII DÉCEMBRE MDCCCLXX
PRIEZ POUR EUX.

Le 24 septembre 1873, à l'inauguration du mor ment, le maire de Droué, M. Barbin, après bonnes et belles paroles, terminait ainsi : « Adi braves Bretons. Adieu, ou plutôt au revoir dans monde meilleur. »

ANGERS, IMPRIMERIE LACHÈSE ET DOLBEAU

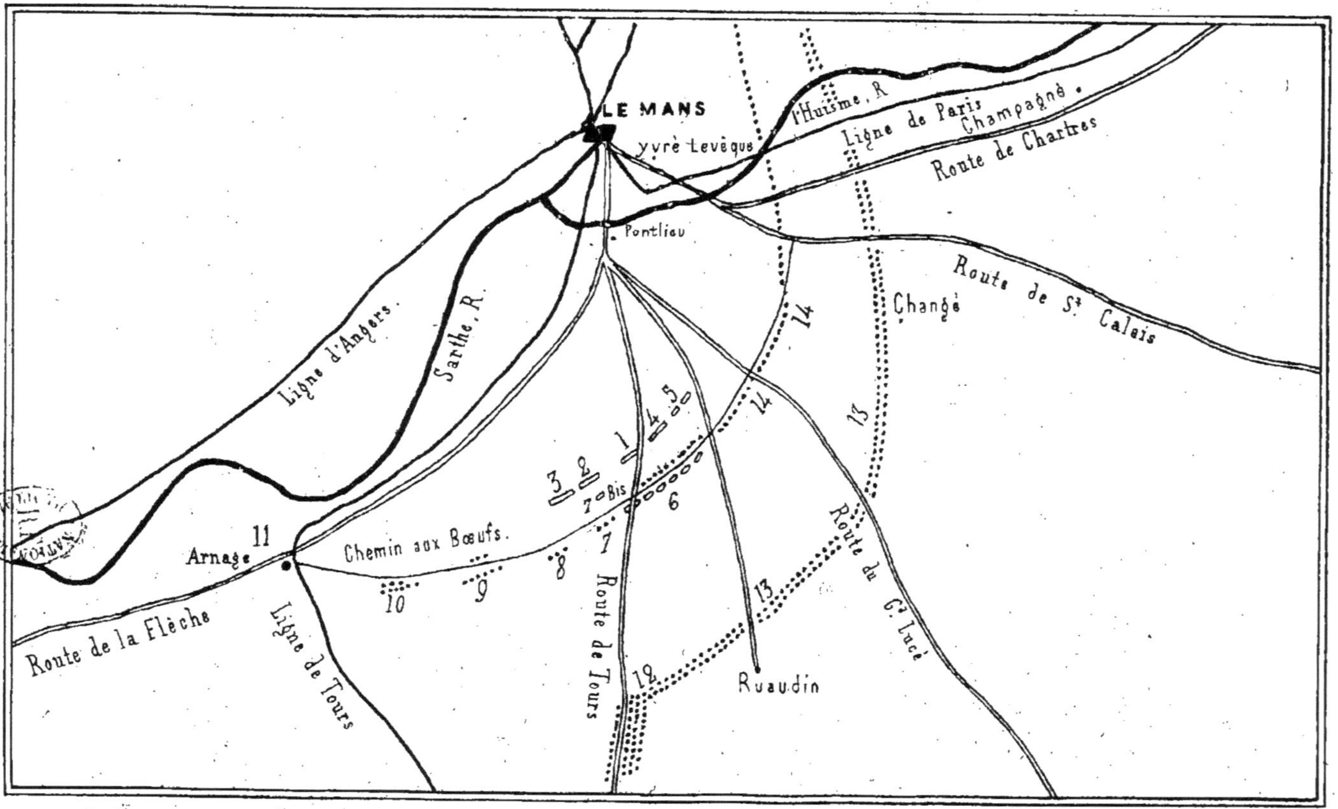

LE MANS
Yvré Levêque
l'Huisme, R.
Ligne de Paris
Champagné
Route de Chartres
Pontlieu
Route de St Calais
Changé
Ligne d'Angers
Sarthe, R.
14
14
13
1
2
3
4
5
6
7
7 Bis
8
9
10
11
12
13
Arnage
Chemin aux Bœufs.
Route de Tours
Route du Gd Lucé
Ruaudin
Route de la Flèche
Ligne de Tours

Positions de défense des Français le 11 Janvier 1871. A la nuit (5h du soir) entre Arnage et le chemin de Ruaudin 4 kilomètres environ 2h après, vers 7h ¼ les Prussiens dans l'obscurité profonde, par la grande route de Tours et le terrain à leur droite de cette route, arrivaient à la Tuilerie, ils n'ont donc pu rencontrer que la brigade de la Division Deplanque et peut-être l'extrême gauche de la ligne des tirailleurs des chasseurs à pied qui eux, avaient pour soutien, la 2me Cie du 1er de Redon. Cette Cie de mobilisés et qui de tous les mobilisés était la plus rapprochée de la route de Tours, à peu près à 80 mètres, n'avait ni vu ni entendu les Allemands passer et plus de 2h après la prise de la Tuilerie, occupait encore le même emplacement qu'à 5 heures du soir.

---

1 La Tuilerie.
2 Batterie de droite, 14e du 7e Rég. capitaine Gautier.
3 Batterie de gauche 19e du 8e id. cap Perret.
4 1er Bon mobilisés de Redon en réserve dans un bois.
5 2e & 3e de Rennes en réserve dans un bois.
6 Une brigade de la 1re Don du 16e corps général Deplanque massée dans le chemin aux Bœufs & sa gauche appuyée à la route de Tours.
7 2 compagnies du 8e de marche des chasseurs à pied en tirailleurs
7bis 2me Cie du 1er Bon Redon, soutien des chasseurs à pied
8 3 Cies du 31e d'infanterie de marche en tirailleurs.
9 2e Bon de Redon en partie déployé en tirailleurs.
10 3e Bon de Redon id id.
11 Arnage où se trouvaient sans avoir été attaquées & sans avoir pris part à la lutte, la Don de cavalerie général Michel, la Don Barry 2e du 16e corps et la brigade du colonel Lebrun.
12 Colonnes profondes de l'ennemi, artillerie et infanterie (suivant l'expression du général Chanzy, page 340 de sa 3e édition).
13 Lignes des Allemands.
14 Lignes françaises.

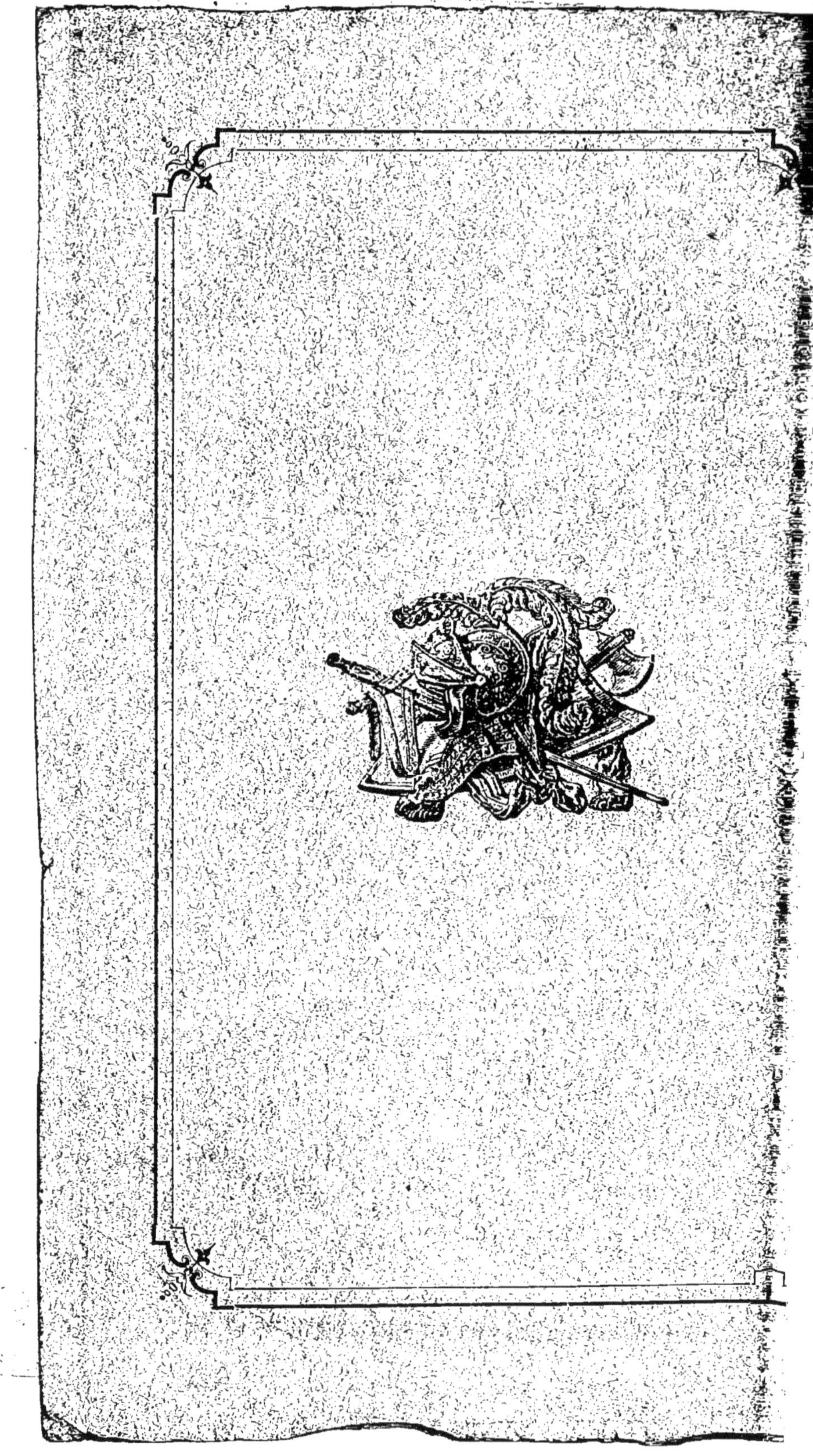

www.ingramcontent.com/pod-product-compliance
Ingram Content Group UK Ltd.
Pitfield, Milton Keynes, MK11 3LW, UK
UKHW012100240726
13965UKWH00004B/1440

9 782013 041560